BAIOCCO

ET

SERPILLA,

PARODIE DU JOUEUR;

INTERMEDE

EN TROIS ACTES.

Représentée pour la premiere fois par les Comédiens Italiens Ordinaires du Roi, le Jeudi 6 Mars 1753.

NOUVELLE ÉDITION.

Le prix est de 24 sols avec la Musique.

A PARIS,

Chez N. B. Duchesne, Libraire, rue S. Jacques,
au-dessous de la Fontaine S. Benoît,
au Temple du Goût.

M. DCC. LX.

Avec Approbation & Privilége du Roi.

ACTEURS.

Baiocco,   M. Rochard.
Serpilla,   Mme. Favart.

Cet Intermede est une traduction littérale de BAIOCCO e SERPILLA ó del GIOCATORE, Opera bouffon mis en musique par M. Sodi, & représente ci-devant à la Comédie Italienne.

BAIOCCO
ET
SERPILLA,
PARODIE DU JOUEUR.

PREMIER INTERMEDE.

SCENE PREMIERE.
BAIOCCO.

fette, Ah, ah, ah, ah, hé-
las j'ai perdu tout, A la Co- mette, Ah
chienne de Co- mette, Ah ma chere caf-
fette, Mau- dite Comette, Ah, ah,
ah, ah, jar- ni le fang me bout, Ah
je fuis au bout De tout, de tout Je
fuis au defef- poir, Je perds tout en un

foir. Quel dé- fef- poir, Dois-je al- ler à

la mai- fon Je fuis jo- li garçon

Sans cha- peau, Sans man-teau, Mor-

bleu, Cor- bleu La cole- re me'nflamme, Quel

chien de jeu ; J'ai perdu tout mon bien,

Enfin je n'ai plus rien, Il ne me refte

A iij

SCENE II.

SERPILLA, BAIOCCO.

SERPILLA.

(*Appercevant Baiocco.*)

A la fin, je te voi.

(*A part.*)

Bonjour. Soyons en garde.

A iv

SERPILLA.

Tu viens du jeu ?

BAIOCCO.

Qui ! moi ?
Jouer ! le Ciel m'en garde.

SERPILLA.

Qu'avez-vous donc pû faire
Pendant un ſi long-tems.
Parlez.

BAIOCCO.

J'étois , ma chere ,
Avec d'honnêtes gens.

SERPILLA.

Avec ces gens reſpectables ,
Que faiſiez-vous , Monſieur ?

BAIOCCO.

Des actions louables.

SERPILLA.

Que faiſiez-vous , Monſieur ,
Avec ces gens d'honneur ?

BAIOCCO.

Des actions louables.

Il faut inſtruire ſon prochain,
J'avois un Senéque à la main ,
Bon Livre ,
Fort bon , bon Livre ,

PARODIE.

Très-bon, il enseigne à bien vivre ;
J'en faisois la lecture,
L'esprit prend nourriture,
 Par la lecture.

SERPILLA.

Eh ! quoi ! de bonne foi,
 Baiocco change.

BAIOCCO.

Votre exemple est ma loi,
 Cela me range.

SERPILLA.

Quelle heureuse avanture,
Le bon mari que j'ai-là.

BAIOCCO.

La bonne créature,
Qu'elle avale bien cela.

ENSEMBLE.

SERPILLA.	BAIOCCO.
Quelle heureuse avanture,	La bonne créature,
Le bon mari que j'ai-là.	Qu'elle avale bien cela ;
Le bon mari que j'ai-là ,	Qu'elle avale bien cela ,
Le bon mari que j'ai-là.	Qu'elle avale bien cela.

SERPILLA , *s'appercevant du désordre de Baiocco.*

Viens çà que je t'envisage ,
Dans un pareil équipage ,
Peux-tu sortir d'honnête maison ?

BAIOCCO.

Ce font les fruits de la leçon,
N'en conçois point d'ombrage,
Je fuis trop fage.

SERPILLA.

Mais .... parle net,
Dis-moi, qu'as-tu donc fait ;
De ton épée.
Tu m'as trompée ?
Quoi ! fans chapeau
Et fans manteau ;
Point de canne, & point d'anneau !

BAIOCCO.

Ma femme, j'avois lû le mépris des richeffes ;
Et j'ai fait des largeffes,
Et j'ai fait des largeffes,
A des gens
Indigens.

SERPILLA.

L'homme de bien !
Je n'en crois rien :
Folle qui t'écoute.
Si peu de momens,
Si peu de momens,
N'ont pû changer tes fentimens.
Pour jouer, rien ne coute,

Et le traître en déroute ,
A tout vendu fans doute.

BAIOCCO.

J'aurois comptant ,
Beaucoup d'argent.
Mais Satan me torde le cou , me torde le cou ,
Si je poffede un fou ,
Si je poffede un fou.

SERPILLA.

Voyons , voyons , approche !

BAIOCCO.

Je ne crains nul reproche ;
Retourne ma poche ,
Le fait eft clair.

SERPILLA , *tirant un jeu de carte de la poche de BAIOCCO.*

Ah ! mon cher ,
Voilà donc le bon Livre ,
Qui montre à fi bien vivre ;
Maudit joueur ,
Fourbe , impofteur ,
Redoute ma fureur.

BAIOCCO.

Ah ! pardon , pardon
Ma chere femme ,
Ma chere ame ,
Hélas ! pardon , pardon.

ENSEMBLE.

SERPILLA.	BAIOCCO.
Non, non , non , non ,	Pardon , pardon ,
Non, non, non, non, non,non ,	Je n'y retourne plus ,
Non , ce font des difcours fu-	
perflus ,	Non, non, non, non, non, non,
Non, non, non, non, non, non,	non , non , non , non ,
Tous difcours fuperflus,	Non, je ne jourai plus ,
Je ne t'entends plus ,	Je ne jourai plus ,
Non, non, non , non , tous	Non , non , non , non , non ;
difcours fuperflus ,	je ne jourai plus ,
Je ne t'entends plus ,	Je ne jourai plus ,
C'eft un abus, c'eft un abus.	Je ne jourai plus , je ne jourai
	plus.

BAIOCCO.

Ceffe ta rigueur ,
Ceffe ta rigueur ,
Mon amour , mon cher cœur.

SERPILLA.

Je ne puis te fouffrir.

BAIOCCO.

Ah ! tu me fais mourir.

SERPILLA.

Je veux que la loi
Me délivre de toi.
Je veux
Brifer nos nœuds ;
Je veux
Brifer nos nœuds.
Rompons , rompons tous deux.

BAIOCCO.

Que je fuis malheureux !
Que je fuis malheureux !
Ni baffette ,
Ni comette ,
Ni quadrille , *& cetera.*
Je le jure ,
Te l'affure ,
Jamais on ne m'y prendra.

SERPILLA.

Chanfons que tout cela , chanfons que tout cela ,
Chanfons que tout cela , chanfons que tout cela.

D U O.

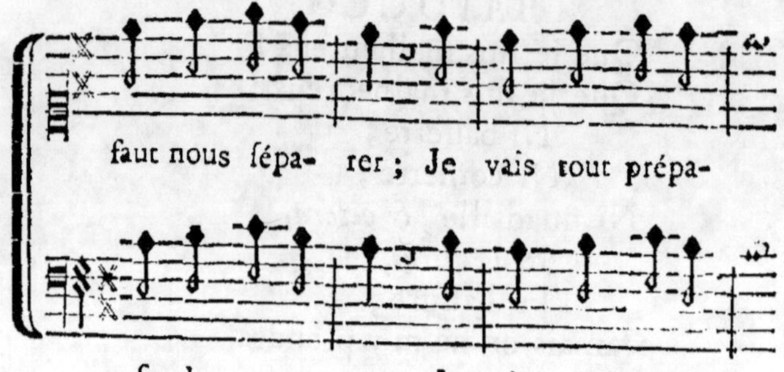
faut nous sépa- rer; Je vais tout prépa-
se de murmu- rer; Je vais tout répa-

rer; Pour nous sé- pa- rer, Pour nous sé- pa-
rer; Oui tout répa- rer; Oui tout répa-

ter. Je ne puis plus du-rer, C'est trop
rer. Je ne vais respi- rer; Que pour

en- du- rer , Oui , oui , c'eſt trop endu-
r'ado- rer , Oui , oui , je puis le ju-
rer , Il faut nous fépa- rer ; Il faut nous
rer , Je vais tout répa- rer , je vais tout
fépa- rer , Je vais tout prépa-rer ,
répa- rer ; Tu veux nous fé-pa-rer :

Fin du premier Acte.

SECOND

SECOND INTERMEDE.

Le Théâtre repréfente le Cabinet d'un Juge.

SCENE PREMIERE.

BAIOCCO, *en robe de Juge, avec une fauſſe barbe.*

B

neffe Par un tour o- ri-gi- nal ; Brifer,

le nœud conju- gal ! Brifer le nœud conju-

gal ! Ma Femme fait la dia bleffe , Et veut

à ce Tribu- nal , Brifer le nœud conju-

gal. Bon ! bon ! bon ! bon ! On lui donne-

ra rai- fon : Oui- dà , oui- dà ! Nous

allons voir ce- la.   Avec cette barbe
noire, Je l'é- prouverai bien-tôt : Oh ! oh ! oh !
oh ! oh ! oh ! oh ! oh ! oh !   L'honneur
dont el- le fait gloire   Pourra   bien ê-
tre en dé-faut , Pourra   bien ê- tre en dé-faut.

SCENE II.

BAIOCCO, *en Juge*, SERPILLA.

SERPILLA.

Justice, justice ! ah ! rendez-moi justice
Que mon tourment finisse.
Monseigneur,
Ayez pitié de ma douleur,
De mon malheur :
Justice !
Monseigneur,
Ayez pitié de ma douleur ,
De mon malheur.   (*fin.*)

BAIOCCO.

Quel est le délit ?

SERPILLA.

Otez de mon lit
Un joueur, un joueur maudit.
A vos genoux....

BAIOCCO.

Ah ! levez-vous.
Que faites-vous là , Madame ?
Par la beauté
Un Juge tenté,

Excité,
Et sollicité,
Perd son équité.

SERPILLA reprend l'Ariette Justice ! *jusqu'au mot* FIN *, & continue :*

Il dé-pen-se tout ce qu'il a. A son
âge, L'on est sa- ge; Lui, ja- mais ne le se-
ra; Non, rien ne le range- ra, Rien ne le cor-
rige- ra. A cha-cun, il rend ser-
vice, A cha- cun, il rend ser- vice,
Et Ser- pilla, De lui n'obtient pas ça. Si j'e-
xi-ge un bon of- fi- ce, Il tour- ne le

dos & s'en va : Ah! ah! ah! ah! Il laif-
fe là Ser-pil- la. Ah! ah! ah! ah! Et la
pauvre Ser- pil- la, ah!
Refte là. Si je vou-lois tout vous
di- re, Un jour ne pourroit fuffi- re.

B iv

BAIOCCO, à part.   SERPILLA.
Oh! la gue- non! Qu'a- vez- vous
BAIOCCO.
donc? Contre l'auteur de vos peines,
Vous me voy- ez en fu- reur; Oui,
oui, Vous me voy- ez en fu- reur.
SERPILLA.
Pour le pu- nir de ses fre- dai- nes, Prononcez
donc en ma fa- veur; Oui, oui,

BAIOCCO.

Avec cet air fripon ,
On a toujours raifon.

SERPILLA.

Séparez-moi , Seigneur ,
D'un menteur,
D'un joueur ,
Querelleur.

BAIOCCO.

Oh ! oui : oh ! oui : oh ! oui.

SERPILLA.

Dès aujourd'hui.

BAIOCCO.

Oui , prend courage ,
C'eft trop pleurer ;
Je vais d'un volage ,
Te féparer ,
Te délivrer ;
Mais à ton âge
On a befoin d'appui.
Prends courage ;
Du ménage ,
J'aurai foin aujourd'hui ;
Prends courage ;
Du veuvage
J'adoucirai l'ennui.

(*D'un air grave.*)
Je vais rendre la Sentence ,
Si tu veux ,
Combler mes vœux.
Réponds donc.
(*A part.*)
Ciel ! elle y penſe !
(*A Serpilla.*)
Cher tendron ,
Diras-tu , non ?

SERPILLA.

Ah ! Monſeigneur , que puis-je dire ?
Vous voulez rire.

BAIOCCO.

(*A part.*)
Oh ! oh ! oh ! pauvre Mari !
Je ſuis trahi.
(*A Serpilla.*)
Je vais rendre la Sentence.

SERPILLA.

Perſonne n'eſt-il ici ?

BAIOCCO, *à part.*

Ah ! qu'entends-je ? La perfide !
Ah ! mon malheur ſe décide.

SERPILLA.

Raſſurez un cœur timide ,
Qu'eſt-ce que l'on dira ?

BAIOCCO.

De l'Hymen je romps la chaîne,
Si tu veux finir ma peine ;
Tu vivras bien plus contente,
Ma charmante ;
A tes vœux tout répondra :
On dira, on dira
Ce qu'on voudra ;
On dira ce qu'on voudra.

SERPILLA.

Je ne puis plus m'en défendre,
Et mon cœur devient trop tendre.

BAIOCCO, *à part, en ôtant sa robe & sa barbe,* & *se montrant à* SERPILLA.

Finissons ce qui pro quo,
A mes vœux viens donc te rendre.

SERPILLA, *reconnoissant son Mari.*

Ahi ! Baiocco !
Ahi ! ahi ! ahi ! Baiocco !

BAIOCCO.

Ah ! parjure !
Cette injure
Dans mon cœur
Porte la fureur.
Je ne veux plus de toi ;
Ne parois plus chez moi.

SERPILLA.

Quels arrêts !
Ah ! vois mes regrets.
Quoi ! voilà donc mon tendre Epoux,
Si complaisant, si bon, si doux !
Si bon, si doux, si bon, si doux !

BAIOCCO.

Voilà donc cette brave femme !
Voilà donc cette brave Dame !
Ah ! ah ! la bonne ame ! ah ! ah ! la bonne ame !

SERPILLA.

Où donc est la charité ?

BAIOCCO.

Avec ta fidélité.

ENSEMBLE.

SERPILLA.	BAIOCCO.
Quoi ! sans pitié,	Je n'ai point de pitié ;
Pour ta moitié !	Je n'ai plus d'amitié.

SERPILLA.

Quoi ! voilà ce tendre Epoux,
Si complaisant, si bon, si doux !

BAIOCCO.

Voilà donc cette brave femme !
Voilà donc cette brave Dame !
Ah ! ah ! la bonne ame ! ah ! ah ! la bonne ame !

SERPILLA.

Quoi ! ton cœur eſt ſans pitié.

ENSEMBLE.

SERPILLA.	**BAIOCCO.**
Quoi ! tu n'as plus d'amitié Pour ta chere moitié !	Non, je n'ai point de pitié ; Non, je n'ai plus d'amitié.

BAIOCCO.

Ah ! la bonne ame !
L'honnête Dame !

SERPILLA.

Ce tendre Epoux,
Si bon, ſi doux,

ENSEMBLE.

SERPILLA.	**BAIOCCO.**
N'a donc plus d'amitié ; N'a donc point de pitié De ſa moitié ! de ſa moitié !	Je n'ai plus de pitié ; Je n'ai plus d'amitié ; Plus de pitié, plus d'amitié.

Fin du ſecond Intermede.

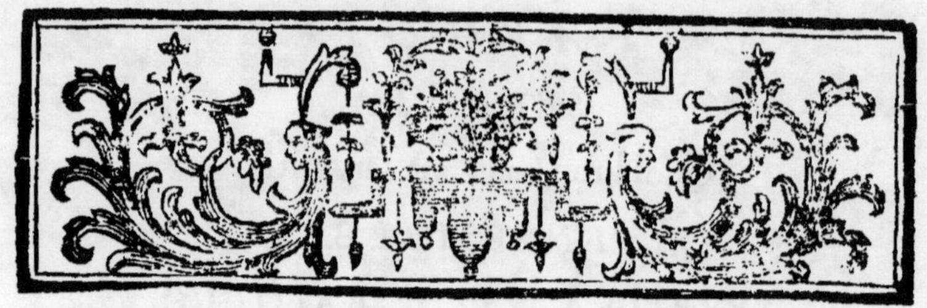

TROISIÉME INTERMEDE.

Le Théâtre repréſente une Place publique.

SCENE PREMIERE.

SERPILLA, *en Pelerine.*

voir Trahi mon devoir. Ton cœur, plus coupable, Fit
plus d'un tour semblable. J'ai suivi ton usage. As-
tu seul en partage L'avantage Trop heureux De
rompre tes nœuds ? D'é- teindre tes feux ?
Ah ! ta rage M'ou-trage ; Epoux traître & vo-
la- - - - - ge !
Ah! quelle rude gê-ne ! Quand on por-

te la chaî-ne D'un Epoux Ja-loux. S'il
eſt in-fi-de-le, Bon! c'eſt baga-tel-le; Rien
ne ſemble é-trange, Quand il ſuit ſes de-ſirs, Et
ſe livre aux plai-ſirs. Si l'on lui rend le
change, C'eſt une trahi-ſon: Il faut qu'il ſe
venge, Il n'entend point rai-ſon; C'eſt un vrai Dé-
mon, C'eſt un vrai Dé-mon.

Ta
Femme

Femme Réclame Son pouvoir fur ton a-
me. Tes mépris Sont le prix De fa fince-re
flamme ! Par-jure, J'en-du-re Mille maux tour à
tour ; A des belles Peu cruelles , Tu vas faire la
cour ; Chaque jour, Ton amour M'abandonne pour
el- les. C'eft trop fouffrir, C'eft trop languir. Ah !

C

ARIETTE du Joueur, Intermede Ital. de l'Opera :
A questa Pellegrina.

Ah ! quelle est ma disgrace !
Ah ! mon mari me chasse.
Je vais par la Cité,
Demander la charité.
Faites la charité, la charité, la charité.
Ah ! que je suis chagrine !
Pour cette Pelerine
Ayez quelque bonté :
La charité, la charité ;
Messieurs, faites, faites la charité ;
La charité, la charité, la charité.

S C E N E II.

BAIOCCO , SERPILLA , *en Pelerine.*
BAIOCCO.

gean- ce, Sans indul-gen- ce: Mon cher,
si j'ai pû te tra- hir; C'est une of-
fen-se Qu'il faut pu- nir, C'est une of-
fense Qu'il faut pu- nir. Mais au
moins daigne é- couter ma dé- fen-se,
Avant de me faire mou-rir: Daigne au
moins écou- ter ma dé- fense, A-vant

BAIOCCO.

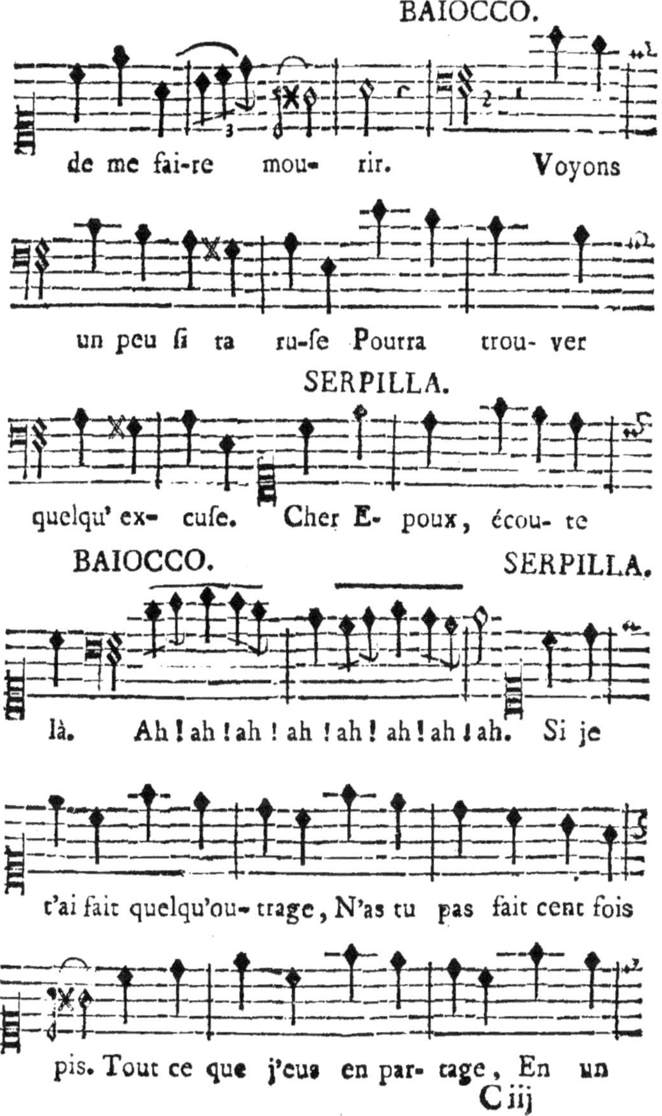

SERPILLA.

BAIOCCO.

SERPILLA.

BAIOCCO.
jour tu le per- dis.   Hi , hi, hi , hi, hi,

SERPILLA.
hi , hi , hi.   Tu m'as çau- fé bien des

peines , Dont j'ai   murmu- ré tout bas; Je fçais

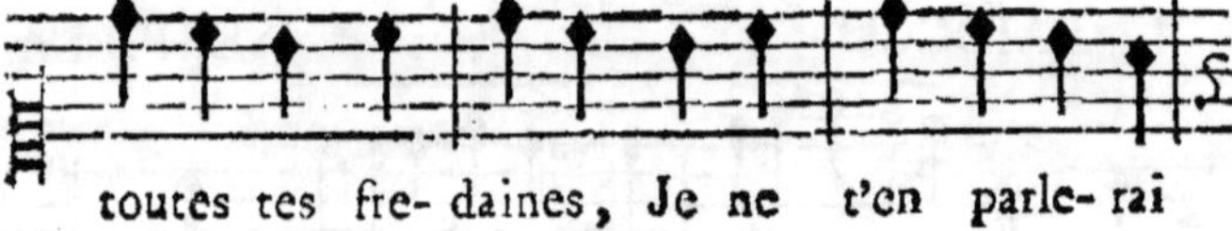
toutes tes fre- daines, Je ne   t'en parle- rai

BAIOCCO.
pas.   Ah ! ah ! ah ! ah ! ah ! ah ! ah !   ah !

SERPILLA.
SOu-viens-toi , cher Epoux , De

ces mo- mens fi doux, Qui s'écou-
loient pour nous; Quand les a- mours Fi-loient
nos jours ; Sou- viens-toi de nos
fou- pirs, De ces charmants fou- pirs,
Qui ranimoient nos plai- firs , Qui
ralu- moient nos de- firs , Quand les ten-
dres A-mours De nos beaux jours Fi-loient

le cours. Ah! sou- viens- toi

de ces vi- ves flammes, Dont la dou-

ceur flat- toit nos a-mes: Hélas! mo-

mens si chers! Je vous perds. Je succombe à

mes douleurs, Ah! je meurs, - -

- - Ah! je meurs. Tu vois mes dou-

leurs, Mes pleurs; Mon sort ne

te touche pas. Ah ! ah !
ne te
BAIOCCO.
touche pas. Viens dans mes bras.
DUO.
SERPILLA.
MOn bonheur est ex- trê- me, Tu
BAIOCCO.
OUi je sens que je t'aime. L'A-
me rends donc ta foi ! Tu me rends donc ta
mour est plus fort que moi, L'Amour est plus fort que

foi !
Eh quoi !
Eh quoi!
moi.
Crois moi,
crois moi ;

Tu me rends donc ta foi !
Oui je te rends ma foi.

RE- gne sur mon a- me,
RE- gne sur mon a- me,

Toujours   fur   mon a- me,
Toujours   fur   mon a- me, Regne

Regne   fur   mon   a-   me.   Ah! pour
fur mon a-   me.   Ah! pour toi   ma

toi ma   flamme Toujours,   tou-
flamme.   Tou- jours,   tou-

jours s'ani- me- ra, S'augmen- te- ra.
jours s'ani-me- ra, S'augmen- te- ra.

Oui, pour toi ma flam-me Tou-
Oui, pour toi ma flam-me Tou-

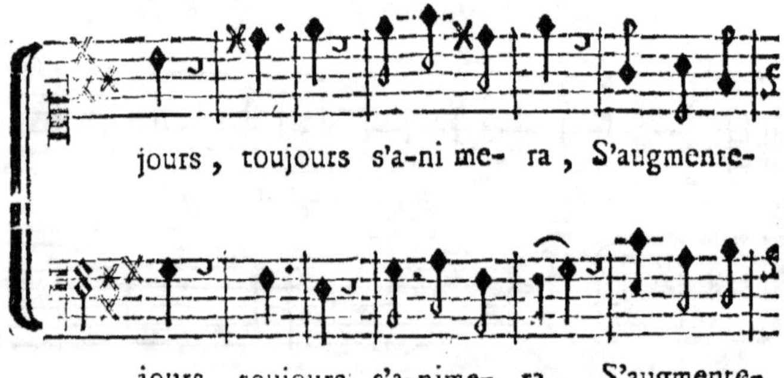
jours, toujours s'a-ni me- ra, S'augmente-
jours, toujours s'a-nime- ra, S'augmente-

ra.   Re-   gne   sur   mon   a- me,
ra.   Re-   gne   sur   mon   a- me,

Regne   sur   mon   a- me.   Ah! pour
Regne   sur mon a-   me.

toi   ma flam-me Tou- jours,
Ah! pour toi ma flam-me Tou- jours,

tou-jours, s'a-ni-me-ra, S'augmen-te-
tou-jours, s'a-ni-me-ra, S'augmen-te-

ra. Oui, pour toi ma flamme
ra. Oui, pour toi ma flamme

Toujours du-re- ra, Tou-
Toujours du-re- ra, Tou-

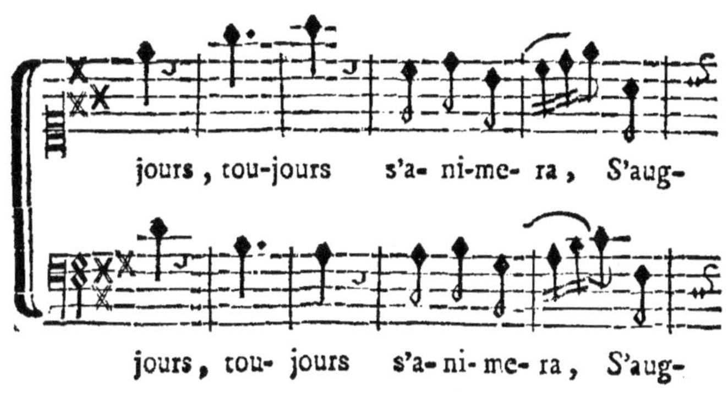
jours, tou-jours s'a-ni-me-ra, S'aug-
jours, tou- jours s'a-ni-me-ra, S'aug-

mente- ra, S'augmen- - -
mente- ra, S'aug-men-

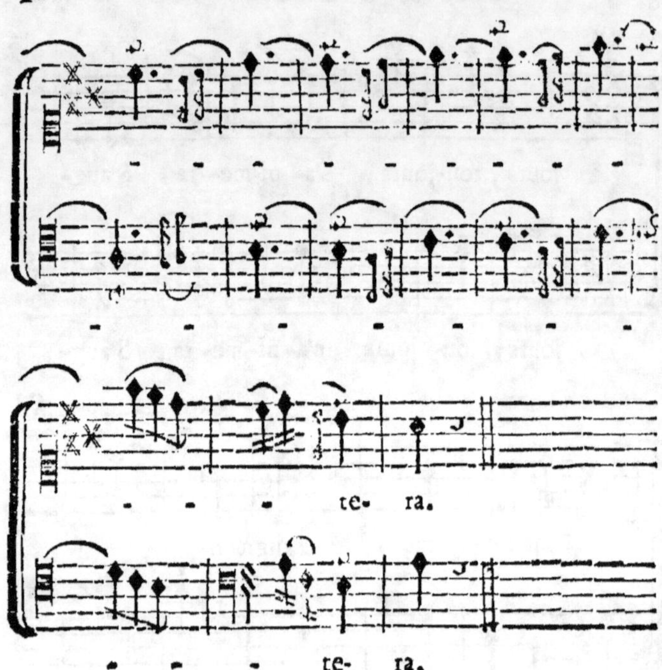

FIN.

Le Privilége général de toutes les Œuvres de M. Favart a été accordé le 27 Avril 1759, & a été enregiſtré le 16 Mai ſuivant à la Chambre Royale & Syndicale des Librai- res & Imprimeurs de Paris, N°. 521. fol. 356.